MW01633378

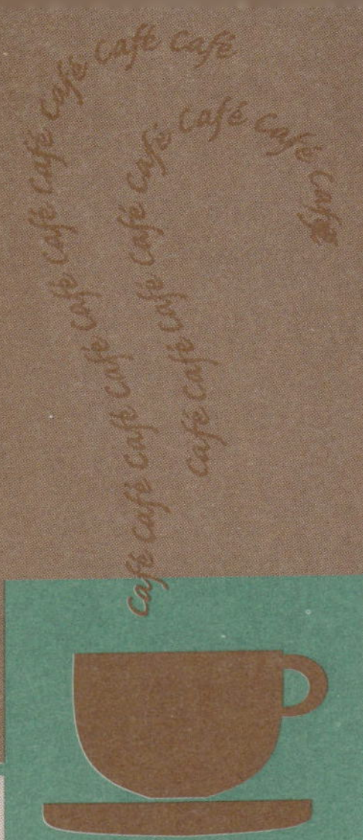

Un regalo especial

PARA Luisa

Con amor

Jaime Shally y André

Fecha

5 - 03 - 09

amor
para los que toman Café

JEANETTE LITTLETON

Pasajes bíblicos personalizados por
LEANN WEISS

Publicado por
Editorial Unilit
Miami, Fl. 33172
Derechos reservados

© 2004 Editorial Unilit (Spanish translation)
Primera edición 2004

© 2003 por Jeanette Littleton
Originalmente publicado en inglés con el título: *Hugs for Coffee Lovers*
por Jeanette Littleton
Publicado por Howard Publishing Co.
3117 North 7th Street,
West Monroe, LA 71291-2227

Todos los derechos de publicación con excepción del idioma inglés son
contratados exclusivamente por GLINT, P. O. Box 4060, Ontario,
California 91761-1003, USA.

(All non-English rights are contracted through: Gospel Literature
International,
PO Box 4060, Ontario, CA 91761-1003, USA.)

Traducido al español por: Raquel Monsalve

Producto 495346
ISBN 0-7899-1211-2
Impreso en Colombia
Printed in Colombia

Contenido

El regalo de uno mismo

*T*ú puedes confiar siempre en mí y derramar tu corazón en mí. Quiero que vivas una vida de amor, así como Cristo te amó y se entregó a sí mismo por ti como una ofrenda y un sacrificio de olor fragante. Cuando te entregas de todo corazón a mí, te bendeciré tanto que tú vida se desbordará sobre otros.

Bendiciones abundantes,

Tu Dios de refugio

tomado de Salmo 62:8;
Efesios 5:2;
Malaquías 3:10

Mucha gente en el mundo sabe cómo dar. Sin embargo, tú tienes una habilidad excepcional en esta esfera. Pues, de la manera más hermosa, mejor y más sana de dar, la tuya parece no tener límite. Pareces dar de ti mismo sin fin.

Esa forma de dar es obvia cuando dedicas tiempo adicional para cuidar a tu familia; no solo para suplir sus necesidades básicas, sino para prever los pequeños detalles que harán más placentera su vida. Andas la segunda milla por tus amigos, incluso por las personas que no conoces, asegurándote de que los demás reciban atención.

Algunas personas dicen que se puede dar sin amar, pero tú no puedes amar sin dar.

Y tal vez ese sea tu secreto. Estás

dispuesto a amar. Estás dispuesto a abrir tu corazón y dar de ti mismo... sin importarte si se corresponde ese regalo... si se aprecia bien... si siquiera lo notan. Tú amas; por lo tanto, das.

Y nunca pareces sentir que lo dan por sentado. Parece entender que tu talento especial es dar de ti mismo. Te das cuenta de que un talento tan especial, tan precioso, no viene sin un precio. Sin embargo, sabes que el sacrificio es temporal, una acción momentánea que se recompensará con algo mucho mayor y profundo. A medida que te entregas a ti mismo en amor, de alguna forma tu depósito se llena de nuevo... así que puedes seguir amando, sirviendo, dando.

uno mismo

El regalo de uno mismo

Si en realidad amas a otros, no podrás evitar hacer sacrificios.

Madre Teresa

El café, al igual que todas las cosas deliciosas, se debe servir con los utensilios adecuados.

El servicio de café de plata

—¡Ángela, Ángela! ¡Nunca vas a adivinar lo que sucedió! —gritó Alicia al entrar como un bólido por la puerta de la oficina de Ángela.

—¿Qué? —preguntó Ángela con una sonrisa de sorpresa. Alicia era una joven callada; mostrar esta clase de entusiasmo no era algo común en ella, sobre todo cuando hablaba con su madrastra. Aun después de siete años, Alicia tendía a actuar con renuencia con la mujer que poco a poco había aprendido a no resentir.

—¡Me aceptaron en el campamento de verano de danza Juilliard! Solo toman cuarenta alumnos de toda la nación, ¡y a mí me aceptaron!

—Ah, Alicia, ¡qué alegría me das! —dijo y dejó a un lado la disertación que mecanografiaba y abrazó a su hijastra, de quince años de edad—. ¡Estoy muy orgullosa de ti!

—¿Dónde está papá? —preguntó Alicia con sus ojos azules todavía brillantes de entusiasmo.

—Salió para ver una posibilidad de trabajo —le respondió Ángela.

—Qué bueno —dijo—, porque la señorita Díaz me dijo que me puede dar una beca, pero aun así vamos a necesitar mucho dinero. La beca va a pagar por las clases, que son setecientos cincuenta dólares, pero vamos a necesitar otros setecientos cincuenta más para pagar el alojamiento y la comida.

Ángela sintió que se le hacía un nudo en el estómago.

—Setecientos cincuenta dólares —repitió sin darse cuenta.

—Ay, Ángela, por favor, ¡déjame asistir! —dijo Alicia al captar enseguida la vacilación—. Podemos usar lo que me dan cada semana, y los veinticinco dólares que me manda la abuela por mi cumpleaños. *Tengo* que ir.

Por lo general, el rostro de Alicia era una máscara protectora. No obstante, hoy revelaba un gozo y una esperanza que Ángela no veía casi nunca en él.

—Vamos a ver, querida —le dijo.

—Jamás pediré otra cosa de nuevo mientras viva —dijo Alicia con suavidad y tristeza, con la máscara volviéndole al rostro.

—No te desesperes todavía. Sé que esto es muy importante para ti. Trataremos de resolverlo.

Alicia mostró una ligera sonrisa y salió de la habitación.

Ángela miró el teclado, pero había perdido la concentración. «Es hora de que me tome un descanso», musitó. En la cocina, a la cafetera automática todavía le quedaban unas dos tazas de café. Ángela colocó el café en una cafetera de plata de estilo victoriano y llevó el servicio hasta la mesa del comedor.

Se sentó, se sirvió café en la única taza de porcelana que tenía y le agregó azúcar y crema de los relucientes jarritos en la bandeja. El único lujo que se daba Ángela era usar el servicio de plata para el café. «Disfrutar una taza de café es un respiro a las tormentas de la vida», siempre dijo la abuela de Ángela. «Y el café, al igual que todas las cosas deliciosas, se debe servir con los utensilios adecuados».

Sin duda, a la abuela siempre le gustó su café, y aunque no era una mujer ostentosa, usaba el servicio de té victoriano de una marca muy conocida con los dibujos provinciales. A ella le encantaba ese juego, usándolo todos los días, puliéndolo con cariño y regularidad y, al final, dejándoselo a su querida nieta. Entre los muchos recuerdos que Ángela tenía de su abuela se incluía el servicio de café.

Ángela levantó la taza del humeante café hasta sus labios, sintiendo el calor en la nariz mientras sorbía. Suspiró con placer. La abuela también le enseñó a hacer la taza de café perfecta. Ella fue una mujer sabia. Ángela heredó de ella su sentido común e ingenio.

Sin duda, necesito esas cualidades ahora, pensó.

Siete años antes, Ángela se había casado con Lemuel en las buenas y en las malas. Era lamentable, pero debía admitir que habían tenido más malas que buenas. Primero fue la deuda de Lemuel por los costos del tribunal después de la batalla legal por la custodia de sus dos hijas. Eso sucedió mucho antes que lo conociera, pero durante los dos primeros años de su matrimonio, los dos trabajaron duro para liquidar esa deuda. Después de eso, tuvieron un año bueno, cuando ambos prosperaron y pudieron ahorrar un poco de dinero. Aun así, luego el patrón de Lemuel se declaró en bancarrota, y Lemuel decidió comenzar su propio negocio haciendo reparaciones en los hogares. Casi todos sus ahorros y el salario de Ángela se tuvieron que invertir para comenzar ese negocio. Las cosas fueron bien hasta que Lemuel se cayó de un techo mientras colgaba luces de Navidad. Los daños limitaban lo que podía hacer, así que los ingresos de este año eran pocos.

Para empeorar las cosas, el empleo de Ángela se eliminó en una serie de despidos. Ella decidió comenzar su propio negocio de secretariado, a fin de estar en el hogar con su hija que apenas caminaba y con. Ángela tenía suficiente trabajo, pero no bastaba para mantener a la familia. Sus ahorros desaparecieron, y la supervivencia se convirtió en un asunto de apretarse el cinturón, trabajar fuerte y orar que pudieran pagar las cuentas. De algún modo lo hacían, pero la familia nunca tenía cien dólares de sobra, mucho menos setecientos cincuenta.

Muy bien habrían sido mil quinientos dólares completos..., pensó Ángela. Sabía que su realista esposo sacudiría la cabeza y diría: «No, lo siento». Comprendería, pero la máscara volvería, como siempre. Como cuando se le murió su gatito. O como cuando se mudaron a mediados de su séptimo grado. Y como cuando su madre no la llamaba, no le contestaba las llamadas y se olvidaba de su cumpleaños. Alicia no decía nada, no lloraba; por lo menos no frente a nadie. Luchaba con el asunto con estoicismo y nadie se daría cuenta del dolor que cargaba en silencio.

Lemuel no era un hombre insensible; solo no entendía el alma tan sensible de su hija. Ángela la entendía. Sabía cuánto le gustaba danzar a Alicia. Mediante la danza podía expresar sus emociones... podía ventilar los sentimientos que de otra forma controlaba con tanta firmeza. Esa combinación de pasión y de control la hacían una gran bailarina, y de pequeñas indirectas, Ángela sospechaba que Alicia quería, pero tenía miedo de esperar, una carrera de bailarina.

Ángela apoyaba con firmeza ese sueño. Después de perder su trabajo, había sido muy agresiva, lo que no era común en ella, a fin de lograr un acuerdo en cuanto a hacerle trabajo de secretariado a la academia de baile a cambio de las lecciones de Alicia. La señorita Díaz también vio posibilidades en Alicia y fue la única que buscó esta oportunidad en el campamento Julliard. Ángela estaba segura de que ella habría hecho todo lo posible para que recibiera una beca.

«Tal vez pueda ir el año que viene», diría Lemuel. Era algo lógico, pero Lemuel no se daba cuenta de lo que le haría a la autoestima y a la esperanza de Alicia esperar un año. Y no había garantía de que Alicia lograra entrar al programa el año próximo.

Ángela se sirvió otra taza de café esperando que el vapor le aclarara el nudo que tenía en la garganta. «Querido Dios», susurró, «¿cómo puedo hacer que esto se convierta en una realidad para Alicia?»

Mientras acercaba la taza a sus labios, notó su distorsionado reflejo en la cafetera de plata. *La abuela hubiera entendido la importancia de esto. Había entendido las esperanzas de las jóvenes. Si algo así me hubiera sucedido a mí, la abuela hubiera hecho lo que fuera necesario para que yo pudiera aprovechar la oportunidad.* Ángela sonrió mientras pasaba la mano por el frío borde de la bandeja. *¡Vaya!, la abuela hasta habría vendido su tan querido juego de servir café.*

Los errantes pensamientos de Ángela se detuvieron de golpe. *El juego de plata de servir café.* Corrió al teléfono y llamó a su mejor amiga. «Rosa, ¿todavía tienes ese libro que da los precios de las antigüedades de plata? ¿Cuánto me dijiste que valen los juegos de servir café?».

Unos minutos más tarde Ángela colgó el auricular y se volvió a sentar, mirando al juego de servir café con una mirada especulativa. El precio que aparecía en el libro por un juego de esa misma marca era de setecientos noventa y cinco dólares. Si Ángela le pudiera vender el juego a un comerciante por esa cantidad, tendría suficiente dinero como para mandar a Alicia al campamento.

Ángela pasó la mano por el borde de la cremera cuando se dio cuenta de que su entusiasmo por la forma en que resolvería el problema se había disipado. *Pero esto es todo lo que me queda de la abuela,* comprendió. *Con solo mirarlo, ella está aquí, con sus brillantes ojos azules, derramando su burbujeante sentido común.* Esta era la herencia de Ángela. *¿Cómo la voy a dar?,* se preguntó. *¿Es sabio dar una reliquia familiar que me gusta mucho por una niña que ni siquiera es mía?*

Pensó en los años y arduo trabajo que necesitó para eliminar el resentimiento de Alicia por ella. Aun cuando la mamá de Alicia solo la tuvo el primer año de su vida y que jamás se esforzaba por estar con su hija, Alicia siempre dejaba en claro que Ángela era solo su madrastra.

No lo puedo hacer y no debería tener que hacerlo, pensó Ángela. *La responsabilidad es de Lemuel, no mía. Ella es su hija.*

Aun así, Ángela no podía olvidar el entusiasmo de Alicia... y su dolor enmascarado. *No hay modo*, admitió al final, *Puede que no sea hija de mi carne... pero es hija de mi corazón.*

Ángela llevó la pesada bandeja a la cocina y con mucho cuidado lavó cada una de las piezas del juego con agua tibia y jabonosa. *Sí, se dio cuenta, el servicio de servir café me trae recueros de mi abuela al instante. Pero esos recuerdos son mucho más profundos que un juego de servir café; están entretejidos en mi corazón.* Pueden haber otros juegos de servir café... cualquier juego le recordaría a su abuela. Sin embargo, no era todos los días que le podía dar a Alicia un regalo de esperanza... su propio regalo del corazón.

El regalo de la hospitalidad

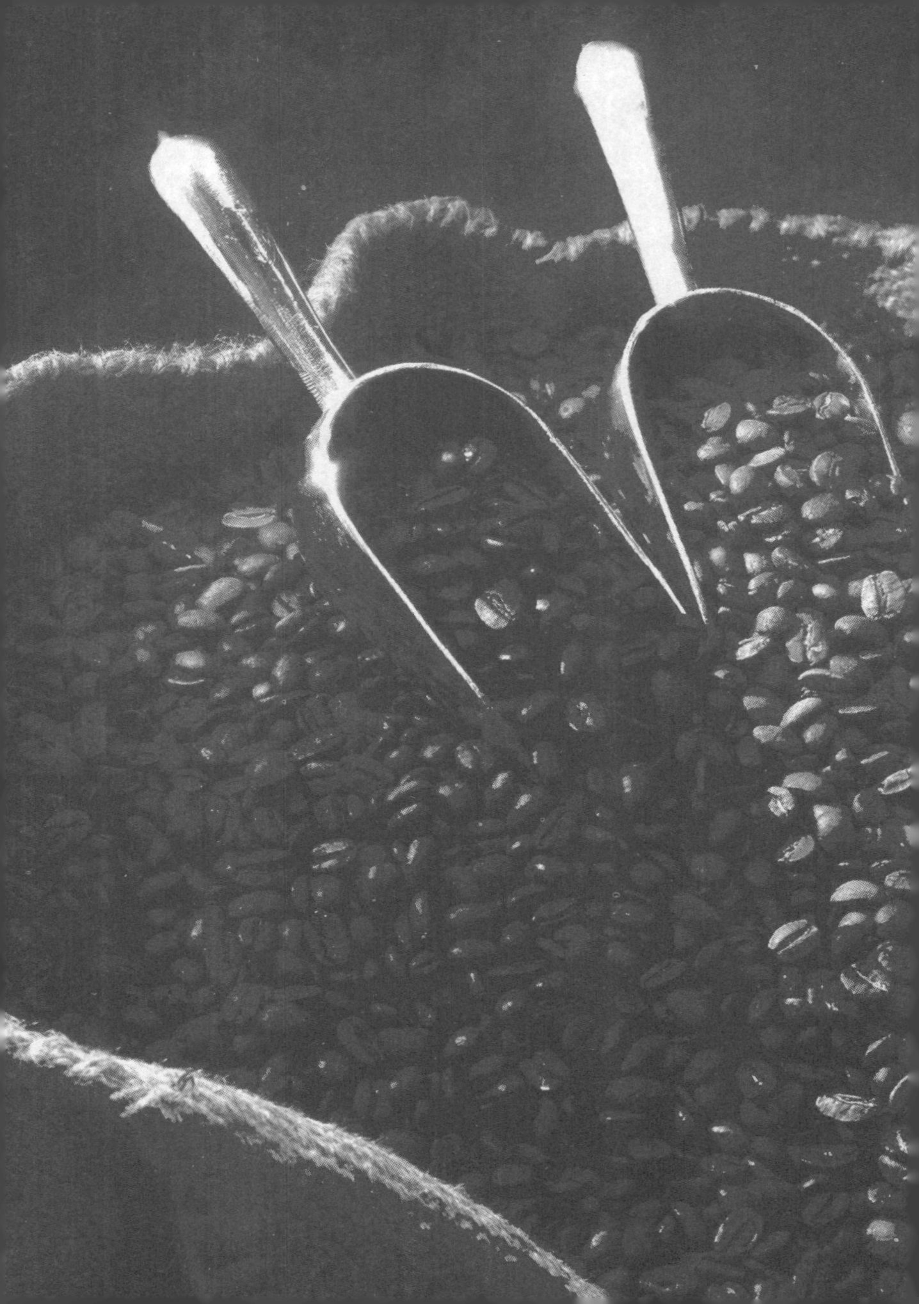

■

*T*odas las mañanas, tengo un nuevo suminis- tro de comprensión y misericordia que esperan por ti. Redimí tu vida de los problemas y enredos, coronándote con mi amor y mi compasión. Experimenta mi bondad y mi renovación. Que siempre trates a los demás con la misma cor- tesía y el mismo respeto que quieras que te traten a ti. Y recuerda, cuando les tiendes la mano a las personas que otros pasan por alto, me sirves a mí.

Con compasión,

Tu fiel Dios

tomado de
Lamentaciones 3:22-23;
Salmo 103:4-5; Lucas 6:31;
Mateo 25:40

■

Algunas personas tienen una manera especial de hacer que los extraños sean sus amigos. Tú eres una de esas personas. ¿Qué hay en ti que atraes a otros? ¿Qué te hace indispensable en tantas vidas?

Tú demuestras hospitalidad con tu vida y corazón. Eres de la clase de personas que siempre está dispuesta, aun cuando te lo pidan a último momento, a decir: «¿No quisieras tomarte una taza de café conmigo?». Siempre estás dispuesta a preparar una taza de café especial... para que tus huéspedes se sientan especiales, tal vez usando una taza de porcelana muy valiosa, o un jarrito de colores brillantes y hermosos que es muy agradable tener en la mano. Los huéspedes que vienen a tu casa a menudo, saben que te acuerdas si le echan crema o azúcar al café, y si toman café descafeinado o regular.

Pospones las muchas demandas en tu vida sin decir una palabra,

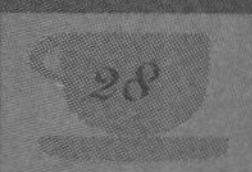

sin una señal de que te incomodan; tu tiempo les pertenece a tus huéspedes. Y mantienes llenas las tazas mientras tu huésped vacía su corazón.

Muestras la hospitalidad del corazón cuando dices: «Tú eres importante». Invitas a otras personas a que hablen de sus esperanzas, sueños y planes cuando escuchas con una mente y alma abiertas. Tu bondad y sabiduría inspiran confianza.

Como el bienestar que da una taza de café cuando arrecia el frío del invierno, provees un cálido cielo para las almas que necesitan cuidado. Las personas se pueden sentar a tu mesa durante horas, sin siquiera notar que el tiempo pasa porque haces que se sientan bien. Eres la hospitalidad personificada.

Hospitalidad
El regalo de la hospitalidad

No podemos considerarnos personas amadas debido a nuestras circunstancias o situaciones, sino solo porque Dios nos ama en forma perfecta, total y eterna.

Marie Chapian

A medida que su pulso bajaba,
dentro de sí sintió un calor que
era más profundo que cualquier
capuchino.

La dama del café

Más tarde, Grisel no te habría dicho por qué lo hizo. Casi nunca corría riesgos.

Grisel había conducido su automóvil por la misma ruta hacia su nuevo trabajo de asesora toda la semana: iba por la calle Magnolia y pasaba por una de las casas de refugio para desamparados más antiguas de la ciudad. La luz cambió a roja cuando Grisel iba llegando a la esquina del edificio de ladrillos. Miró la majestuosa arquitectura, pensando en qué triste era que un edificio tan bello tuviera... bueno, un propósito de tan poca importancia; que viera vidas tan arruinadas.

Al segundo día, Grisel vio a los hombres recostados a la pared de ladrillos de la casa de refugio. *¿Por qué están allí en la mitad del día?*, se preguntó. Por lo general, en invierno la temperatura era bajo cero. Casi todos o bien estaban sentados o de pie, separados, acurrucándose contra la pared... *y también en sus propias emociones*, supuso Grisel. A medida que pasaban los días, Grisel se daba cuenta de que estaban allí esperando que se abrieran las puertas para entrar y comer.

¿Cómo puede la gente caer en situaciones como esas?, se preguntó. *¿Por qué no consiguen trabajo?* Grisel ni siquiera lograba imaginárselo. Siempre había trabajado mucho para ganarse la vida, y aunque no había podido asistir a la universidad, su profesión era de asesora de decoración de interiores.

El miércoles, cuando se acercaba a la esquina, miró a los hombres de nuevo. En lugar de mirarlos como grupo, los observó en forma individual. Entonces fue cuando su mirada se encontró con la de esos ojos castaños e inyectados de sangre. Los hombres temblaban de frío, pero el hombre le devolvió la mirada y le sonrió a manera de saludo. Aun después que se alejó del lugar, los ojos del hombre parecían perseguirla.

Los ojos castaños estaban allí otra vez el jueves. Sus miradas se encontraron de nuevo y ella pudo ver la dignidad innata del hombre. Él inclinó la cabeza en un saludo de cortesía.

Al día siguiente la temperatura bajó a varios grados bajo cero en el sol. Unos pocos hombres, incluyendo su amigo de los ojos castaños, estaban parados más juntos que nunca contra la pared de ladrillos. *¿Cómo soportan el frío?* Grisel sintió un escalofrío y tomó su taza de café. El líquido le calentó el cuerpo. Allí fue cuando sintió el impulso.

Grisel dobló a la izquierda en la próxima esquina. Un cartel que decía ABIERTO colgaba de la sucia ventana de un restaurante barato. A los pocos momentos, Grisel estaba cruzando el no muy limpio piso de baldosas. Hizo una mueca cuando notó el precio de una taza de café: ochenta centavos, mucho menos que el pequeño capuchino que compró esa mañana. «Doce cafés para llevar», pidió pensando que podía gastar los diez dólares que costaban. El hombre robusto con el delantal manchado comenzó a llenar las tazas de una cafetera que había visto mejores días. «Tal vez no tenga suficiente regular», dijo, «¿le puedo dar descafeinado o quiere esperar a que haga más café?»

«Está bien descafeinado», le respondió Grisel, «siempre y cuando esté bien caliente». El hombre colocó las tapas en las tazas y las puso en dos cajas de cartón para transportar bebidas.

Grisel regresó a la misión y estacionó su automóvil cerca de la acera con toda rapidez, antes que perdiera el valor. Los hombres la miraron en silencio, sin moverse, mientras ella caminaba alrededor de su automóvil y abría la puerta del lado del pasajero, sacando una de las cajas con tazas de café.

«¿Quisieran una taza de café?», les preguntó. «Hace mucho frío...». Mientras Grisel miraba a los inexpresivos ojos, de pronto se sintió tonta, hasta que se encontró con la mirada conocida de los ojos inyectados en sangre. El hombre sintió su torpeza y ella vio los rasgos de un verdadero caballero mientras se le acercaba.

«Creo que eso va a ser muy bien recibido ahora», estuvo de acuerdo él, mientras pasaba las tazas a los otros hombres, y Grisel sacaba la otra caja de su automóvil. Su amigo de los ojos castaños rompió la tensión. Los otros hombres se acercaron para recibir sus tazas de café caliente y Grisel estudió los rostros curtidos por el viento. Varios de ellos mantenían la mirada baja. Algunos musitaron «Gracias», mientras que otros le sonrieron con timidez. Solo un hombre no quiso recibir el café.

El hombre de los ojos castaños caminó con ella hasta el bordillo. «Gracias, señorita. Que tenga un buen día».

Grisel se alejó aturdida. Nada le parecía real. Sentía el corazón acelerado y que la adrenalina le corría por las venas cuando se detuvo a pensar en lo insensato que era que una mujer se detuviera para hablar con un grupo de rudos extraños. No obstante, a medida que su pulso bajaba, dentro de sí sintió un calor que era más profundo que cualquier capuchino. El café ayudaría a que los hombres no sintieran tanto frío por un rato. No era mucho ante el hambre o el problema de no tener hogar. Pero era algo.

Grisel no tenía dinero como para comprar diez dólares de café todas las mañanas, pero comenzó a comprar su propio café en la estación de servicio en lugar de comprarlo en la cafetería de moda, y guardaba la diferencia en la guantera de su automóvil. Cada pocos días, tenía lo suficiente como para comprarles café a los hombres. Aun así, algunas veces, en días que eran muy fríos, incluso antes de que hubiera ahorrado todo el dinero, su corazón la llevaba al restaurante barato.

A esta altura, un hombre de cabello largo, rubio y descuidado había comenzado a anunciar su llegada con estas palabras: «Llegó la dama del café». Ahora los hombres conversaban con ella mientras se le acercaban. Su amigo de los ojos castaños, Juan, con mucha amabilidad la ayudaba a entregar las tazas de café.

El invierno no había llegado siquiera a la mitad, cuando el trabajo de consultora de Grisel, que la llevaba cerca de la misión, llegó a su fin. A pesar de eso, ella no olvidó a esos hombres. Ahora preparaba su propio café en su casa, y había comprado tazas, azúcar y crema al por mayor. Si pasaba cerca de la misión, por cualquiera que fuera la razón, y algunas veces cuando no tenía que pasar por allí, les llevaba el café caliente a esos hombres.

—Juan —le dijo Grisel un día mientras él la ayudaba con el café—, ¿por qué está afuera, por qué no entra al edificio?

Juan le explicó que el refugio tenía programas para ayudar a los alcohólicos a que dejaran de beber, para ayudar a los adictos a las drogas a dejar el vicio y encontrar trabajo. Pero él no estaba listo para dejar que alguien le quitara su libertad. Grisel se sintió perpleja con esa declaración: el estar parado a la intemperie, congelándose durante el día, no le pareció a ella como ninguna clase de libertad.

—Ah, Juan, espero que lo pruebe alguna vez —le dijo ella—. Tal vez no sea tan malo como usted piensa.

—Tal vez no, Dama del Café —le respondió con una sonrisa.

Ella le devolvió la sonrisa y sus ojos mostraron preocupación.

—He descubierto que algunas veces cuando uno sale de su zona de comodidad, no es algo malo. Y aun puede tener sus recompensas, como el encontrar nuevos amigos afuera de una casa de refugio.

Un nuevo trabajo de consultora le demandó a Grisel mucho más del tiempo acostumbrado, así que tardó bastante antes de que pudiera regresar a la calle Magnolia. Mientas estacionaba, escuchó el conocido: «Es la dama del café». Sin embargo, esta vez Juan no la ayudó. No estaba allí. El hombre rubio, Noel, la ayudó a repartir las tazas de café. «¿Dónde está Juan?», preguntó ella. Pero nadie sabía a dónde se fue ni el tiempo que hacía que no estaba.

Grisel se fue de allí conduciendo su automóvil con el corazón triste. Durante esa semana, fue a la misión todos los días, pero no había señales de Juan. Por último, preguntó y uno de los directores le dijo que quizá Juan se había mudado. Él le entregó una lista con las casas de refugio locales. Grisel no tuvo suerte con las dos primeras, pero en la tercera encontró esperanza.

«Sí, Juan Sánchez, creo que se llama», le dijo el director. «Él quería conseguir trabajo, así que lo envié a la casa de refugio de la Calle Sexta».

¿Un trabajo?, pensó Grisel. Eso no sonaba como Juan.

Grisel entró a la casa de refugio de la Calle Sexta y miró a su alrededor a hurtadillas. «¿Juan Sánchez?», preguntó ella.

«En la cocina», le dijo una mujer señalando hacia una ancha puerta de madera, y mientras Grisel se aproximaba, pudo sentir el aroma de café recién colado. Abrió la puerta con un poco de indecisión, y allí estaba Juan: limpio, con un delantal alrededor de la cintura, abriendo enormes latas de frijoles con carne. Cuando la puerta chirrió, él levantó la vista. Entonces colocó la lata sobre la mesa y sonrió:

—La dama del café.

En unos momentos, Grisel y Juan estaban sentados con sus tazas de café en la mano, en un comedor que contaba con muy pocos muebles.

—Juan, he estado preocupada por usted —le confesó Grisel.

—Pues bien, comencé a pensar en lo que me dijo sobre la "zona de comodidad" —le dijo Juan—. Por cierto, no me sentía nada cómodo afuera en ese frío. Y pensé que estar incómodo adentro no sería peor que estar afuera. Así que me inscribí en este programa de trabajo. Además, viviendo en la calle, no tengo la libertad de conseguir lo que necesito o quiero porque no tengo dinero. Siempre hay que depender de otras personas. Me di cuenta de que no tenía ni la libertad para compartir una taza de café.

Las lágrimas inundaron los ojos de Grisel.

—Y una taza de café es una cosa maravillosa para compartir —susurró ella.

—Sí —me di cuenta de eso cuando usted comenzó a venir. Ahora mantengo esa cafetera siempre llena de café todo el día. Y cuando se comienza a reunir un grupo, saco dos cafeteras llenas de café.

—Juan, ¡eso es maravilloso! —exclamó Grisel.

—Los ayuda a entrar en calor hasta la hora de la comida —le explicó. Entonces se inclinó hacia atrás en su silla con una sonrisa de orgullo—: ¿Sabe una cosa? Me llaman el Hombre del Café.

Grisel no pudo hacer otra cosa que compartir el orgullo de Juan junto con su café.

CAPÍTULO

3

El regalo de las relaciones

Siempre te tengo presente! Te he grabado en la palma de mis manos. Nada... ni siquiera la muerte, va a hacer que deje de amarte. No confíes en simples palabras para demostrar tus sentimientos hacia los demás. Descubre el gozo de expresar tu amor con hechos y de verdad.

Pensando en ti,

Tu Dios de amor

tomado de Isaías 49:16;

Romanos 8:35-39;

1 Juan 3:18

En nuestro ajetreado y loco mundo, mucha gente pierde la noción de las relaciones. Después de todo, las relaciones toman tiempo. No solo se requiere tiempo y energía cuando se comienzan, sino que también necesitan determinación y cuidado para mantenerlas. Así que es fácil poner a las personas en segundo lugar. No para siempre... solo hasta mañana. Sin embargo, algunas veces hace falta mucho tiempo para que llegue mañana.

Ya lo sabes. Las relaciones son tu vida. Has descubierto que las actividades pueden mantener a la gente ocupada, pero no traen satisfacción. Sabes que los trabajos proveen dinero, pero no constituyen la suma de quienes somos. Te has dado cuenta de que las personas son más importantes que las posesiones, los programas y los procedimientos. La gente es tu prioridad, así que inviertes en lo que sabes que cuenta.

Cuando la unión se hace una rutina, le agregas una brisa fresca a la relación.

Cuando los vínculos de la amistad tropiezan con un bache en el camino, te esfuerzas para que las cosas vuelvan a marchar bien de nuevo, no solo en la superficie, sino también debajo de ella. Tu especialidad es restaurar, reconciliar y renovar. Y cuando las relaciones son sanas, las disfrutas y las aprecias, y brindas para celebrar.

Haces que la amistad, el romance y el amor sean eternos, y se manifiesten con facilidad. Y sin cesar trabajas y haces planes para que las frágiles afinidades se mantengan fuertes.

No solo amas con palabras, sino también con acciones, aun cuando las acciones sean algo tan sencillo como enviar una tarjeta, hacer una llamada telefónica o descansar con un amigo tomando una taza de café. Encontraste el secreto para el gozo en la vida: hacer que las amistades sean duraderas.

Relaciones

El regalo de las relaciones

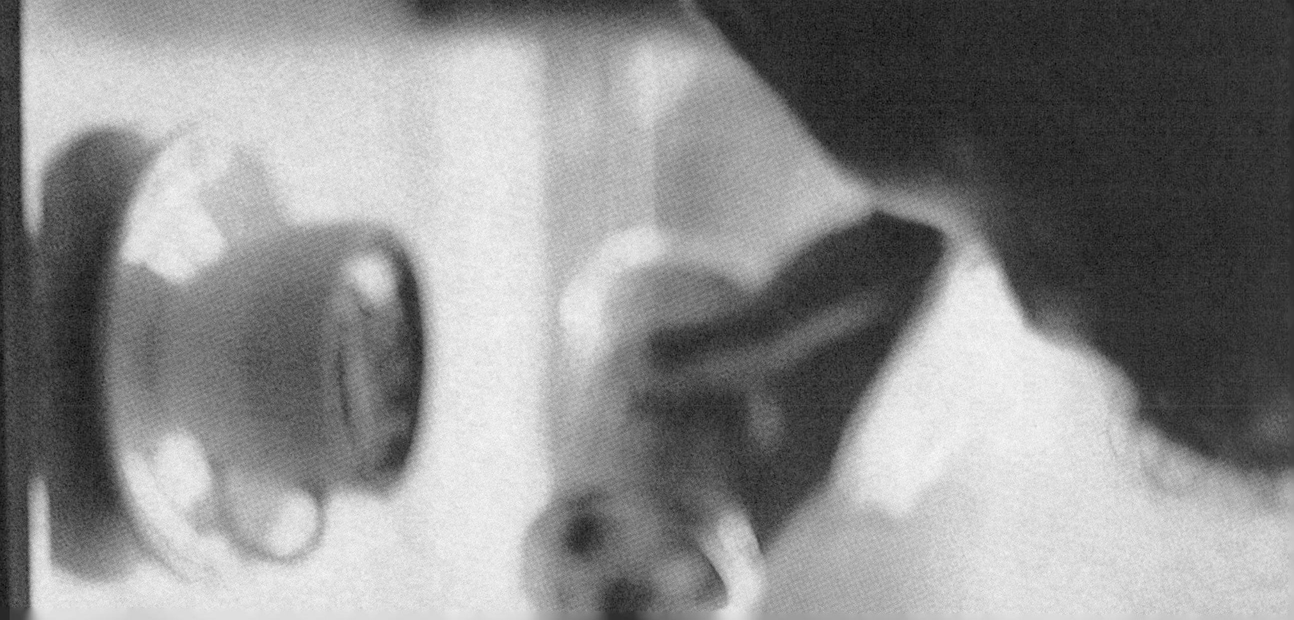

*Para tener relaciones significativas
es imprescindible que reconozcas la
importancia de cultivarlas.*

Alan Loy McGinnis

Es sorprendente cuánto pueden durar
una taza de café y una rosquilla
cuando se pasa el tiempo hablando en
lugar de comiendo y bebiendo.

El plan

—Hola, querida —dijo Emilio mientras subía al auto y le acariciaba con rapidez la mejilla a Cristina—. Entonces, ¿adónde vamos? ¿A comer hamburguesas? ¿A ese lugar de comida china?

—Es una sorpresa —dijo Cristina riendo con nerviosismo.

—Ah —fue lo que dijo Emilio, echándole una mirada de soslayo a su esposa.

Nadie describiría a Emilio y a Cristina como personas dadas a las «sorpresas». Después de un noviazgo de varios años y de al fin casarse después de los treinta y cinco años de edad, el primer bebé se planeó y llegó según lo previsto al año de su boda. Compraron una casa en los suburbios, y a su primogénita Carla le siguió dos años más tarde Kevin. Cristina se quedó en casa con los niños, trayendo a casa un dinero extra trabajando los sábados en la tienda de novias de su amiga. Emilio tenía un trabajo estable como gerente en informática de una compañía local.

Sin embargo, cuando Kevin comenzó a asistir a la escuela todo el día, Cristina se sintió inquieta. Buscó un trabajo a tiempo parcial, pero sabía que su descontento era más profundo que el tener más tiempo libre. Se sentía confusa pensando en lo que quizá faltara.

Una noche, mientras miraban una película después que los chicos se fueron a la cama, Cristina se quedó mirando el apuesto perfil de Emilio mientras descansaba acostado en el sofá al otro lado de la sala. Se dio cuenta de que ahora eran muy pocas las veces que miraba sus cálidos ojos grises. Cuando no estaban ocupados con los hijos, iban por sus propios caminos separados. Por las tardes, a Emilio le gustaba sentarse a la computadora y escribir su novela, mientras que Cristina limpiaba, leía o trabajaba en su proyecto de hacer un edredón, el que parecía interminable. «Lo extraño», se dio cuenta con un sobresalto.

Más tarde esa noche, Cristina estaba acostada en la cama, tratando de señalar el problema. *Sabía que el romance no duraría para siempre*, pensó, *pero tiene que haber algo más que esto.*

Durmió intranquila y se despertó con un poco de mal humor. Mientras doblaba la ropa recién lavada, Cristina comenzó a pensar en su relación. ¿Cuándo y en qué momento fue muy buena?

Cuando eran novios y estaban recién casados, hablaban hasta altas horas de la noche. Y se desesperaban por estar juntos de nuevo y hablar más. Sus salidas fueron sencillas, como ir al cine o a la iglesia o a una actividad local. Después iban a la cafetería a comer rosquillas y a tomar una humeante taza de café. Es sorprendente cuánto pueden durar una taza de café y una rosquilla cuando se pasa el tiempo hablando en lugar de comiendo y bebiendo.

Hablaban sobre sus impresiones, sus sueños, sus respuestas a las noticias mundiales... ¿Estaban ahora demasiado establecidos para que les quedaran algunos sueños? ¿Se conocían tan bien que solo daban por sentado las perspectivas mutuas?

Cristina llevó la ropa de Emilio a su dormitorio. ¿Cómo podría ella traer de nuevo esa intimidad de antes? Daría cualquier cosa por poder sentarse con Emilio en la cafetería y hablar durante horas y horas.

Bueno, ¿por qué no? Cristina dejó la ropa y llamó a Emilio a la oficina, invitándolo a almorzar.

—Cristina, estamos en la cafetería —le dijo Emilio mientras ella entraba al estacionamiento con los colores tan familiares—. No he comido desde las seis de la mañana y tengo mucha hambre. No creo que me conforme con una rosquilla.

Estoy tratando de salvar nuestro matrimonio, quiso decirle con brusquedad. En su lugar, suspiró hondo.

—Tienen otras cosas ahora —le explicó sacando las llaves de la ignición—. Puedes ordenar los sándwiches del desayuno todo el día.

Emilio frunció el ceño, pero a él le gustaban muchos los sándwiches del desayuno.

—¿Tuviste alguna reunión esta mañana? —le preguntó Cristina con forzada alegría mientras se sentaban a una mesa con la comida y el café caliente.

—Hum —dijo Emilio mientras probaba su panecillo con jamón, huevo y queso.

—¿Cómo está resultado el nuevo empleado? —dijo Cristina en un nuevo intento.

—Bien.

—¿Es una persona agradable? ¿Te gusta trabajar con él? —insistió Cristina.

—Es un buen muchacho —le respondió Emilio, comiendo otro bocado—. Este lugar se está llenando de gente y yo tengo que volver al trabajo. Vámonos.

Solo han pasado veinte minutos y tú tienes una hora de almuerzo, quería señalarle Cristina. Pero era obvio que Emilio estaba demasiado intranquilo como para quedarse.

Después que Cristina dejó a Emilio en su trabajo, quería llorar. *Va a tomar tiempo*, se dijo. *No perdimos nuestra intimidad en un día y no la vamos a recuperar con tanta rapidez.*

Unos días después, Cristina volvió a llevar a Emilio a almorzar. Esta vez, él no protestó cuando llegaron a su viejo lugar y se quedaron una media hora completa. La tercera vez, Emilio pidió el *croissant* de salchicha, huevo y queso y tomó café con sabor a vainilla francesa. Se estaba volviendo aventurero.

Ahora Cristina pasó a la siguiente fase de su plan: café por la noche. El viernes por la noche, Emilio protestó cuando Cristina le pidió que fuera con ella para llevar a los chicos a la casa de la abuela. Sin embargo, no se quejó cuando entraron al estacionamiento de su antiguo lugar de reunión. Su noche fue muy parecida a sus almuerzos: muchos silencios, Cristina buscando temas de conversación y Emilio gruñendo respuestas.

Entonces, en la siguiente ocasión, Cristina implementó la fase dos, Emilio se recostó en la silla y exigió:

—Bueno, ¿qué es lo que pasa aquí?

Cristina titubeó.

—Mira, Emilio, tenemos que hacer algo. Siento que ya no te conozco —trató de explicarle—. Ya no hablamos. Pensé que si hacíamos algunas de las cosas que solíamos hacer, tal vez volveríamos a tener algo de esa intimidad. ¿Te acuerdas cuando íbamos a la cafetería y hablábamos por horas?

—Cristina, considera que hemos estado casados casi diez años. Las cosas cambian —respondió Emilio poniendo los ojos en blanco.

—Por favor, Emilio, ¿no podemos hacer el intento? —insistió Cristina.

—Está bien —dijo Emilio suspirando—. Pero no creo que esto sea determinante. ¿Qué quieres que yo haga?

Cristina por poco se rinde. *Bueno, al menos está dispuesto a continuar con esto*, trató de asegurarse.

—Pues bien, la idea es que tengamos más intimidad —dijo con un poco de torpeza—. Así que no creo que debamos hablar de las cuentas ni de los niños. Yo preferiría escuchar lo que está pasando en tu mundo... tus pensamientos y todo eso.

—¿Sí? —dijo Emilio mientras tomaba su café con sabor a avellanas.

—¿Por qué no empiezas hablándome de tu novela? —le sugirió Cristina, aprovechando la oportunidad—. ¿Quiénes son los personajes? ¿Cómo son?

La conversación de Emilio hizo que recordara una llave de agua que gotea; gotas individuales que caen con lentitud y largas pausas entre una y otra. Aun así, a medida que le hacía preguntas, la conversación se hizo más firme, y al final fluyó con soltura. Cristina comenzó a entender lo que él quería hacer con su libro y por qué pasaba tantas horas en la computadora.

Esa noche, cuando estaban acostados, Cristina se sorprendió al sentir que el brazo de Emilio le rodeaba la cintura mientras ella leía. Él había perdido el hábito de acurrucarse, poner su brazo alrededor de ella y aun de besarla. Cristina disfrutó de esta pequeña muestra de afecto. Se dio vuelta para mirarlo de frente. Él le sonrió: «Gracias por el café de esta noche. Fue algo muy agradable», le dijo.

En los siguientes días, Emilio le respondió mejor a la conversación. Algunas veces, después de que los chicos se acostaban, le hablaba a Cristina por unos minutos. Y cuando se sentaban en la cafetería, su conversación era animada. Aun el singular sentido del humor que una vez disfrutaron, ahora volvía a surgir.

Antes de darse cuenta, era tiempo de irse. Terminaron de tomar el café y Emilio levantó el pedazo de la rosquilla con crema que le quedaba. «¿Quieres un pedacito?», le preguntó.

«Por supuesto», le dijo ella. Él lo partió en dos y se lo dio, poniéndoselo en la boca.

El siguiente martes por la noche, Cristina decidió hacer las compras de las provisiones mientras los chicos estaban con la abuela. Emilio se estiró y luego se levantó de la silla frente a la computadora. «Voy contigo», le dijo con una sonrisa. «¿Quieres que te acompañe?»

No tenían mucho que comprar en el supermercado, y con la ayuda de Emilio, la tarea se realizó con rapidez. Mientras ponía en marcha el automóvil, Emilio le dijo:

—No tenemos que recoger a los niños enseguida. ¿Por qué no vamos a la cafetería?

—Por supuesto —le respondió Cristina con sorpresa.

Esa noche pidieron rosquillas de mermelada y café de la casa. Mientras se limpiaban la mermelada de los dedos, Emilio hablaba.

—¿Sabías que esta cadena de cafeterías vende ochocientos millones de tazas de café al año?

—¿De veras?

—Sí, me fijé en su sitio Web el otro día —le explicó él—. Y en un día común y corriente venden más de veinte tazas de café por segundo.

—Y solo piensa que nosotros formamos parte de ese número —le dijo Cristina con una seriedad fingida.

El tiempo pasó con demasiada rapidez. Cristina era muy estricta en cuanto a la hora de acostarse de los niños, pero esta noche no le importó. Emilio estaba en medio de una historia muy interesante para interrumpirlo.

Por último, se pusieron de pie. Emilio recogió las cosas de la mesa y luego ayudó a Cristina a ponerse el abrigo. Le abrió la puerta cuando salieron. Por un segundo, Cristina se detuvo, acercándose más al brazo de él. Emilio le dio un beso rápido en la cabeza.

—Te amo —le susurró.

Cristina le sonrió con una sonrisa iluminada por las lágrimas, y dijo una breve oración de agradecimiento. El plan había dado resultado.

4

El regalo
del
afecto

Yo miro desde el cielo y busco a los sensatos que me buscan a mí. Te guío junto a aguas de reposo, restauro tu alma y te guío para que hagas las debidas elecciones en tu vida. Porque procuras comprender a los demás, tú has ganado favor. Mi bien y mi amor te satisfarán y bendecirán todos los días de tu vida.

Preocupado por ti,

Tu Dios de gozo

tomado de
Salmos 14:2; 23:2-3, 6;
Proverbios 13:15

Tú eres especial por muchas razones. Una de las cosas que te hace tan amoroso es tu ternura. Todo a tu alrededor irradia una bienvenida amistosa.

Una bella sonrisa aparece en tu rostro y brilla de tus ojos cuando interactúas con otras personas. Tu semblante prácticamente resplandece.

Inviertes tu energía, aunque lo haces como si fuera algo simple y natural, asegurándote de que cada uno a tu alrededor se sienta cómodo, atendido y feliz. Las puertas de tu corazón están abiertas cuando uno de nosotros necesita que lo escuchen. Aplaudes sin reparos las cosas buenas que ves en los demás, haciéndonos sentir mejor en cuanto a nosotros mismos y aun en cuanto al mundo en el que vivimos. Tu tierno espíritu nos hace sentir que somos dignos

de amor, talentosos y hasta personas excepcionales. Y a medida que derramas tu amor y ternura en nosotros, encontramos esa misma aceptación y amabilidad que fluye de nosotros hacia otros en nuestro círculo de vida.

Eres un rayo de sol en un día triste. Cuando apareces, todas las nubes oscuras *tienen* que disiparse, y la vida se ve mucho más brillante, mucho mejor. Estar contigo es como salir de un invierno duro y frío y entrar a una tibia casa llena de deliciosos aromas.

Al ser una persona tan tierna, traes a otros a un estado de contentamiento. Eres tan agradable y reconfortante como una dulce y humeante taza de capuchino.

Afecto

El regalo del afecto

*Nosotros podemos ser una afectuosa
mano en un hoyo sombrío y oscuro, un
refrigerio para esos que no lo tienen.*

■

Barbara Johnson

Era raro que se levantara tan temprano, mucho menos que se vistiera y se sentara a la mesa de la cocina con una taza de café expreso.

Afecto para el alma

La lluvia goteaba en la ventana mientras José miraba con fijeza al triste cielo matutino. Detestaba las mañanas. Era raro que se levantara tan temprano, mucho menos que se vistiera y se sentara a la mesa de la cocina con una taza de café expreso.

Sin embargo, eso era antes que muriera Lila. Se había ido de repente. Sin esperarlo. José se estremeció mientras recordaba ver cómo se ensombrecían los ojos verde acei-tuna que tanto amaba. Estuvieron sentados a esta misma mesa, compartiendo las rosquillas de moras y el café caliente, no de esos instantáneos; sabía que a él le gustaba el que se colaba. Conversaba sobre su cuadragésimo ani-versario de bodas y sobre lo que le regalaría a su hija cuan-do cumpliera los treinta y cinco años el mes próximo. Menos de una hora después, los paramédicos se dieron por vencidos y dijeron que lo sentían mucho. Desde entonces, José se quedaba levantado la mayor parte de cada noche y aun así se levantaba temprano.

Una lágrima cayó dentro de la brillante taza roja de café, la única cosa colorida en la que una vez fuera una cocina llena de colores. José no había podido resistir ver todos los recuerdos de Lila, en especial la cocina, que era su dominio. Llorando sin control, había empaquetado sus toallitas de la cocina bordadas, los agarradores de ollas de brillantes colores, los imanes del refrigerador con palabras inspiradoras y aun las bonitas cortinas amarillas que ella había hecho. La cocina se encontraba sin color ni vida, excepto por esa taza roja.

Otra lágrima cayó dentro de la taza, luego otra. José casi nunca lloró mientras Lila estuvo a su lado. Ahora, parecía que no podía dejar de llorar. Y lloraba en los peores lugares y momentos. Hasta rompió a llorar en la oficina de su hija. Él se encontraba más allá de la vergüenza, el dolor era demasiado profundo.

José sacó un pañuelo de tela de su bolsillo y lloró hasta empaparlo. Luego fue a su dormitorio a buscar otro pañuelo seco. El cuarto estaba frío, como se ponen los cuartos inhabitados. Ya no dormía en su habitación. La cama del cuarto de huéspedes era más atractiva; nunca la había compartido con Lila. Mientras miraba la ropa mal doblada en su cajón, tomó la decisión que había considerado por días. Tenía que irse, tenía que salir de la casa, lejos de los recuerdos.

José colocó tres mudas de ropa en una bolsa de papel de supermercado. Se detuvo al lado del teléfono. Cuando hizo girar la llave en la ignición de su automóvil, todavía no tenía idea de a donde iría; solo sabía que tenía que irse.

José consideró la dirección. *¿Hacia el norte? No, ellos fueron en esa dirección el año pasado a Dakota del Sur. ¿Hacia el oeste? No, desde su jubilación Colorado fue su lugar favorito para pasar las vacaciones.* Como alguien que viviera toda su vida en el oeste medio de Estados Unidos, nunca le gustó mucho el este. Así que se dirigió al sur.

José conducía y se detenía cuando quería. En Arkansas visitó a una mujer que asistió a la escuela con Lila. Le preparó una comida casera, cosa que no había disfrutado desde la muerte de Lila. Era una viuda amable que lo dejó llorar su pérdida y también vertió algunas lágrimas, pero José no aceptó la invitación de que se quedara un tiempo allí.

Siguió hasta Oklahoma, deteniéndose en un McDonald's que estaba a un lado de la carretera interestatal. Pasó la tarde tomando café, observando a la gente y mirando a los autos que pasaban debajo de él. Viajar sin acompañante era mucho más solitario de lo que imaginaba. En la ciudad de Tulsa, encontró las gigantes manos en oración de las que había escuchado hablar. Lila había sido una mujer de fe, pero José no sentía ninguna conexión con Dios. Sin embargo, musitó una oración a medias: *Dios, no puedo vivir solo. Si estás allí, me tienes que ayudar*. Se secó las lágrimas con la manga y salió de nuevo.

Sentado afuera de un centro de bienvenida en Texas, mirando un montón de mala hierba que rodaba por la carretera, José trató de pensar en su vida antes de conocer a Lila. De joven, trabajó en un equipo de cosechadores con su base en Denton, Texas. Allí conoció a Jessica. Solo fueron novios por unos cortos y felices meses cuando a él lo llamaron a servir en las Islas del Pacífico. A ella se le destrozó el corazón, pero jamás se volvieron a ver. José conoció a Lila y se enamoró.

De pronto, José se dio cuenta de que si seguía rumbo al sur por la carretera I-35, terminaría en Denton.

Bueno, tal vez se distrajera yendo otra vez a los lugares conocidos que frecuentaba de joven.

«De noche las estrellas, son grandes y brillantes... dentro del corazón de Texas», tarareó José. No lo había hecho desde la muerte de Lila.

No había pensado en Jessica por años, pero ahora la recordaba, con el cabello color trigo y los ojos de color tan intenso como el azulejo. Todas las tardes iban al café Molene para tomar una taza de café y tal vez pasar el tiempo con amigos, o iban a ver una película o a bailar al Centro de los Veteranos de Guerra. Al igual que Lila, Jessica colaba muy buen café. Cansado de tanto conducir, deseó tener una taza de café ahora.

Cincuenta años le trajeron muchos cambios a Denton. Ya no era una ciudad rodeada de granjas. Era una ciudad grande, demasiado grande para que manejara sin direcciones, tratando de encontrar lugares conocidos o amigos. Cuando José vio un letrero para la autopista 380 y Plano, salió de la carretera. El hermano de Jessica había comenzado la primera oficina de venta de bienes raíces en la ciudad de Plano. Ese suburbio también había crecido, pero el banco se encontraba allí. La gasolinera se había convertido en un edificio de correo. El restaurante de la calle principal todavía estaba abierto. Y allí frente a él estaba la oficina de venta de bienes raíces, la que se había agrandado para incluir lo que antes fuera una peluquería de hombres. La recepcionista le dijo que quizá Samuel, ahora jubilado, estuviera en el restaurante.

Solo le tomó un segundo a José para ver el rizado cabello blanco de Samuel entre los otros hombres jubilados en el mostrador. El cabello de Samuel siempre había parecido algodón. A José le sorprendió que Samuel lo reconociera de inmediato. «Estela, por favor, otra taza de café con azúcar», pidió él, guiando a José a una mesa con sillones color turquesa. José se sorprendió con la rapidez que mencionaba nombres que él hacía tanto tiempo había olvidado. ¿Qué le había pasado a Juan Carlos y sus trajes de chaqueta ancha? ¿Qué novedades había de Magnolia? ¿Habían regresado de la guerra muchos muchachos? Al final, José preguntó por Jessica.

Hacía unos diez años que era viuda. No tenía hijos.

—¿Todavía vive en Denton? —le preguntó José.

—No, vive ahora aquí, en la misma calle que Mabel y yo —le respondió Samuel—. Le encantaría verte otra vez.

José sintió que se le secaban los labios.

—Ah, no sé... me sentiría incómodo apareciéndome en su casa.

—Bueno —le dijo Samuel insistiendo—, ella trabaja en el restaurante Cotton Gin de la Quinta Calle. Sale dentro de una media hora.

¿Por qué Jessica me iba a querer ver después de todos estos años?, pensó José mientras se alejaba en su automóvil. *No es de esperar que me perdonara por desaparecer de su vida.*

Sin embargo, por primera vez en mucho tiempo, sintió una punzada de emoción. El restaurante era viejo, con un cartel que decía «Aire acondicionado» todavía adornando el vidrio. Una mujer pelirroja, con el cabello recogido, lo saludó.

José la observó. La mujer tenía ojos azules, pero sin duda Jessica no habría cambiado tanto.

«Hola», le dijo, «¿por qué no se sienta allí?» *No, la voz no le resultaba conocida.*

«¿Quiere una taza de café?», le preguntó. «Bueno, aquí está el menú y le traigo su café enseguida».

José no tenía hambre, pero necesitaba alguna excusa para estar en ese lugar. Pidió un pedazo de pastel de crema. Levantó la vista cuando escuchó pisadas.

La mesera era alta y tenía el cabello corto y blanco. Mientras se acercaba, miraba la mancha de café que le había dejado en su delantal la cafetera demasiado llena. «Qué cosa, he derramado esto en...», lo miró con una sonrisa y luego se quedó muda.

«¡José!», exclamó Jessica con ternura. No había forma de confundir esa sonrisa, esa voz, esos ojos tan azules. Entonces le pidió a la pelirroja: «Paula, por favor, marca mi tarjeta de salida. Hacía más de cuarenta años que no veía a José». Ella tomó una taza del mostrador y le dijo por encima del hombro: «Y, querida, por favor cuela otra cafetera, a José le gusta el café recién colado».

Se sentó frente a José. «¿Todavía le pones dos cucharaditas de azúcar?», le preguntó al tiempo que sacaba los sobrecitos de la bandeja. José asintió con la cabeza sin hablar. Jessica sirvió el café y puso la cafetera en la mesa. Sus ojos brillaron en los de él con tanta dulzura, con tanta vida, casi como un abrazo... José supo que hacía mucho tiempo que lo habían perdonado. «José, ¡estoy tan contenta de verte!», exclamó ella. «¿Qué haces por aquí? Cuéntame de tu vida».

«Creo que estoy encontrando una respuesta a la oración», musitó José en forma enigmática y con una ligera sonrisa. Mientras él y Jessica hablaban, José sintió que le embargaba un calor en el corazón que no era solo del café. Todavía extrañaba a Lila. Siempre la amaría, siempre la extrañaría. Aun así, de repente su futuro se vio con tanta esperanza como... bueno, se vio tan brillante como las noches estrelladas en Texas.

El regalo
del
entusiasmo

*L*o que sea que hagas, hazlo de todo corazón. Tú luchas fortalecido por mi poder que obra en ti. No lo olvides... la alegría es un buen remedio para los golpes que da la vida, y mi gozo es muy contagioso. Recuerda... ¡tú puedes hacer todas las cosas cuando estás divinamente conectado conmigo!

Con entusiasmo,
Tu Dios de todo poder

tomado de Eclesiastés 9:10;
Colosenses 1:29;
Proverbios 17:22;
Filipenses 4:13

¿Cómo lo logras? ¿Hay en realidad dos personas? ¿O tienes más horas en el día que los demás? ¿Qué es lo que te mantiene buscando y moviéndote hacia delante? Cualquiera que sea tu secreto, da buenos resultados. Lo que parece una montaña con rapidez se convierte en un grano de arena cuando te remangas y acometes la tarea. Tomas lo que parece imposible, ¡y lo haces!

La clave de tu sorprendente energía debe ser tu entusiasmo. Bulles de entusiasmo como una cafetera colando café... y es contagioso. Tu espíritu positivo infunde de forma dinámica el mismo sabor fuerte a cada situación y a cada persona con la que te encuentras. El aroma de tu gozo penetra en el aire hasta que todos los que te rodean también actúan

con gozo y ánimo. Nos ayudas a todos a ver que lo que sea que debemos hacer, lo podemos hacer. Mediante tu ejemplo aprendemos a buscar y encontramos la esperanza y la felicidad en cualquier situación. Nos ayuda a ver las bendiciones aun en nuestras luchas y nos recuerdas que la vida es un don precioso.

Tal vez no siempre recibas apoyo en todo lo que haces, pero sigues con lo que tienes que hacer. Continúas rebosante de ideas y entusiasmo porque multiplicas tu propia eficiencia a medida que estimulas y alientas a los que están a tu alrededor. Y al hacerlo, ¡sin duda logras que este mundo sea un efervescente lugar!

Entusiasmo

El regalo del entusiasmo

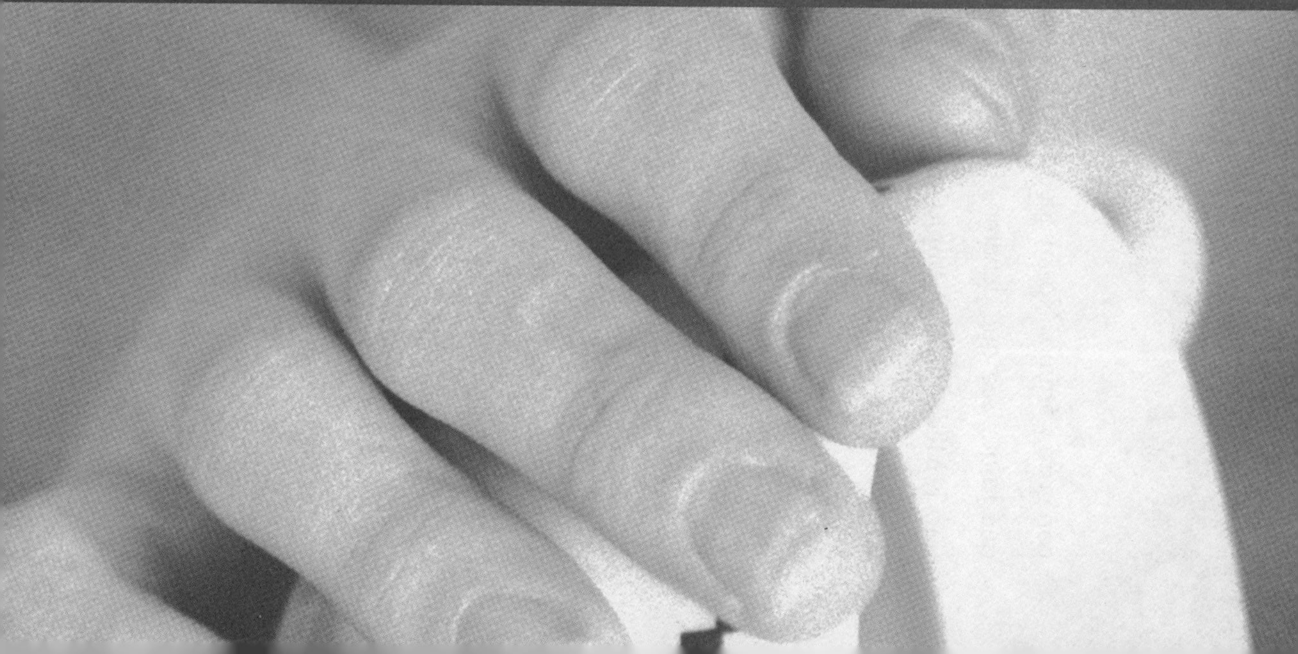

Un hombre puede tener éxito en casi todas las cosas por las que despliegue un entusiasmo sin límites.

Charles M. Schwab

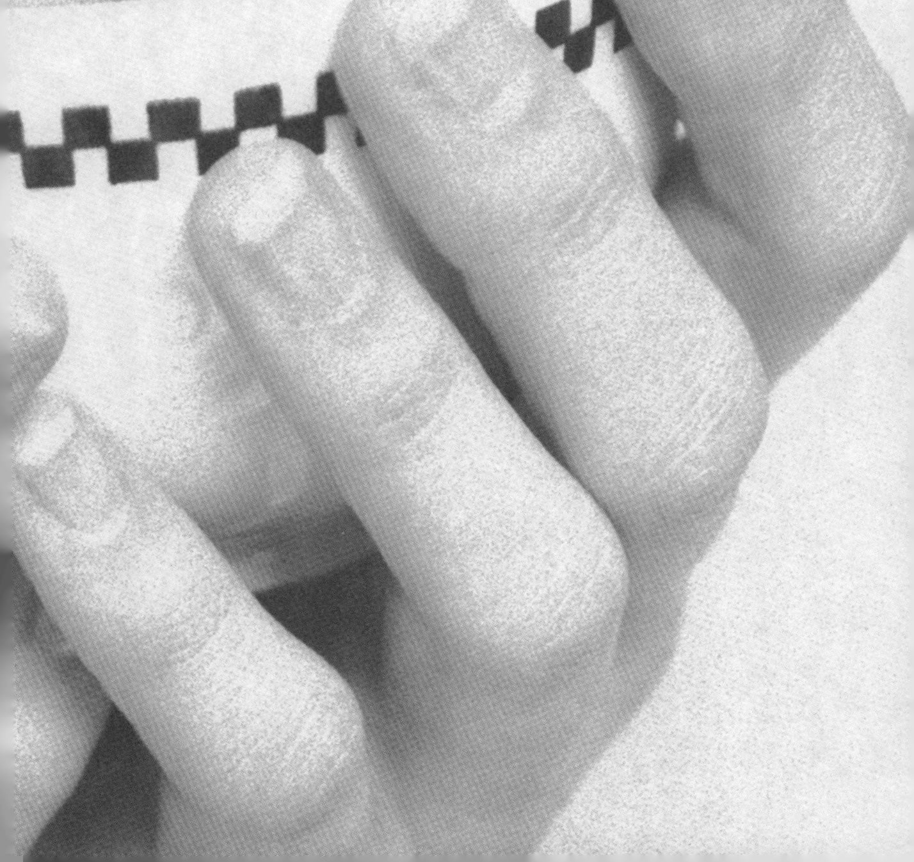

Si Berta quería café comprado en la
cafetería y pastel de nueces, Isabel no
iba a poner objeciones.

La trastada en la cafetería

Si el hombre no hubiera estado murmurando para sí, es probable que no se hubieran dado cuenta de que tenía un arma. Berta e Isabel habían trabajado mucho todo el día arreglando los exhibidores de artesanías. Ahora, debido a su vicio de café, habían descubierto la única cafetería abierta de noche en la pequeña ciudad del estado de Iowa. Podrían haber ido al hotel donde Berta tenía su propia cafetera para usar en viajes, pero Berta quería el pastel de nueces que anunciaban en la ventana del negocio. Y era temprano. Si iban al hotel, Isabel sabía que Berta se preocuparía si iban a vender suficiente mercancía como para pagar el viaje y para que menguara la montaña de deudas de Berta.

Isabel había estado saliendo con el hijo de Berta, Miguel, cuando el esposo de Berta, Roberto, perdió el empleo de vendedor que tuvo por más de treinta años. Berta hizo su mayor esfuerzo convirtiendo su pasatiempo con las artesanías en un negocio. Luego Roberto se enfermó con cáncer. Sobrevivió la primera etapa del tratamiento y ayudó a Berta a vender suministros en las exhibiciones de artesanía por todo el país. Sin embargo, el cáncer golpeó de nuevo, y cuando Roberto murió, Berta se quedó con una montaña de cuentas.

Durante años, Berta e Isabel habían desarrollado una amistad que no disminuyó aun después que Isabel y Miguel rompieron las relaciones. Después del trabajo, a menudo Isabel iba a la casa de Berta. Ella la ayudaba a prepararse para las exhibiciones o tomaban café o jugaban al solitario doble hasta tarde en la noche. Los fines de semana, algunas veces Isabel viajaba con Berta, ayudándola a conducir la vieja furgoneta hasta los lugares en que se realizarían las exhibiciones. Las dos mujeres viajaban con grandes tazas de café, cantando junto con las canciones antiguas de la radio o simplemente hablando.

De noche, casi siempre iban a su cuarto de un hotel económico, tomaban café y hablaban sobre los hechos del día. Cargar y descargar la furgoneta era trabajo pesado, pero Berta, una pequeña mujer de hermosos ojos azules, muchas veces conseguía la ayuda de algún hombre. Muchos otros comerciantes la conocían de otras exhibiciones y coqueteaban con ella en forma inocente.

A pesar de los golpes que le había dado la vida a Berta, nada empañaba su espíritu efervescente. Se negaba a vivir pensando en los problemas y hacía que la vida fuera una fiesta. Aun cuando tuvo que apretarse el cinturón con su atesorado café y tenía que volver a usar las borras, todavía les ofrecía una taza de café caliente y una sonrisa a sus visitantes.

Así que si Berta quería café comprado en la cafetería y pastel de nueces, Isabel no iba a poner objeciones. Muy pocas veces Berta gastaba dinero en lujos como esos. Era muy ahorrativa, aunque también le gustaba tratar de ganar algún dinero al entrar en concursos y algunas rifas. Cuando alguien le sugería que esas cosas casi nunca resultan, Berta se encogía de hombros, sonreía y decía: «Dios siempre me cuida, de una forma u otra. Yo solo quiero darle a Él todas las oportunidades». Era un poco ridícula algunas veces, pero esa era su forma de ser y todo el mundo la amaba por quien era.

Es por eso que Isabel no se sorprendió al saber que Berta se había aprendido prácticamente de memoria los carteles con las fotos e información de las Personas Buscadas por la policía que estaban colocados en el Centro de la Comunidad donde se realizaría la exhibición. A Berta le habían interesado las recompensas y ahora el hombre sentado al mostrador le llamó la atención.

Cuando la camarera les trajo el pastel, Berta le sonrió con su encantadora sonrisa y le preguntó:

—Querida, ¿ese hombre que está en el mostrador es uno de los clientes regulares?

—No lo conozco —dijo la camarera al mirar hacia donde estaba el hombre.

—Bien —dijo Berta todavía sonriendo—. Por favor, ¿podría ver al gerente?

—Enrique está haciendo tortas de avena. Voy a ver si puede venir —dijo la camarera y regresó a la cocina.

—¿Qué es todo esto? —le preguntó Isabel con sospecha.

—¿Ves ese hombre? —le susurró Berta inclinándose sobre la mesa para hablarle.

—¿Qué pasa con él? —le preguntó Isabel.

—Tiene un arma —le señaló hacia el largo estuche apoyado contra el mostrador—. Eso es un rifle.

—Tal vez sea un policía que no está de servicio —le sugirió Isabel.

—Los policías no se sientan y hablan solos —insistió Berta.

—Estamos en el fin del mundo —le señaló Isabel—. Todo el mundo lleva armas.

—¿Ves a otro con un arma? —le preguntó Berta—. El rostro de ese tipo es en verdad conocido. Sé que lo vi hoy en un cartel de los Buscados por la policía.

Su certeza hizo que Isabel comenzara a preguntarse. Sabía que debajo del desenfrenado entusiasmo había una persona firme y práctica.

—Entonces, ¿qué hacemos? —le preguntó Isabel.

Berta le susurró con los ojos pegados al hombre.

—Podríamos pasar junto a él y yo le tiraría mi café encima mientras tú agarras el arma —le susurró Berta sin apartar los ojos del hombre.

—Sí, claro —le dijo Isabel—. Seamos realistas.

—Aguafiestas —le musitó Berta.

Antes que pudiera hacer otras sugerencias, un hombre con un delantal manchado apareció a su mesa. Enrique era un hombre alto y afable, pero su alegre actitud cambió cuando Berta le hizo un ademán de que se acercara:

—Estoy segura de que ese hombre es un criminal —le dijo—. Hoy vi su foto en uno de los carteles de los Buscados por la policía.

—Berta, ¿estás segura...? —le advirtió Isabel. No obstante, Berta y Enrique, otra alma dramática, pasaron por alto sus palabras.

—No lo pierda de vista —decidió Enrique—. Yo llamaré a la policía.

A esta altura, atraídas por los susurros del trío y sus no muy furtivas miradas, otras personas en el restaurante se pusieron a mirar a las mujeres o al hombre en el mostrador.

La estación de policía quedaba a seis cuadras de distancia. Aun así, diez minutos más tarde no había llegado ningún policía.

—Es probable que haya una recompensa —dijo Berta mordiéndose una uña—. Estoy segura que podría usar ese dinero.

Al fin se escuchó el sonido de sirenas en la distancia. El hombre sentado al mostrador salió de su ensueño. Sorprendido, miró por la ventana y se movió en su asiento.

—No dejes que se vaya —recomendó Berta.

—¡No puedo hacer nada! —respondió Isabel con incredulidad.

Enrique no se veía por ningún lado. Berta se puso de pie.

—Tengo que hacer algo. No puedo dejar que ese dinero de la recompensa salga por la puerta.

Su taza de café estaba vacía, así que tomó la de Isabel, que la camarera llenó en su última vuelta.

—Berta, no —murmuró Isabel entre dientes.

—Señorita —llamó a la camarera al dirigirse al mostrador—. Nuestro café está frío. ¿Nos puede dar café caliente?

Esta vez el hombre la notó. Volvió la cabeza en el instante que Berta simuló que tropezaba y le arrojó el tibio café encima. El hombre quiso tomar su arma.

—¡No toque eso! —le gritó ella tomando la funda del arma y sosteniendo su taza como si fuera un arma.

El hombre permaneció sorprendentemente calmado. Otros clientes observaban lo que ocurría y Enrique estaba parado cerca.

—¿Me pueden devolver mi arma? —preguntó el hombre.

—Vamos a dejar que la policía decida esto —anunció Berta mientras los policías irrumpían por la puerta.

Es obvio que llamaron a todos los oficiales de policía disponibles en esa pequeña ciudad. Detrás de ellos había muchachos armados. *Sí, yo tenía razón,* pensó Isabel. *Esta es una de esas ciudades donde las armas son el pasatiempo de todos los hombres.*

—Oficiales, esto es absurdo —dijo el hombre mirando las armas que le apuntaban.

—Usted puede dar las explicaciones en la estación —dijo uno de los policías mientras el otro tomaba el arma de las manos de Berta.

—Por favor, tenga cuidado con ese rifle —le dijo el hombre—. Lo necesito para la competencia de mañana.

Es extraño, pensó Isabel, *no parece un hombre peligroso.*

—Vi su foto hoy en uno de esos carteles de Personas Buscadas en el centro de la comunidad —anunció Berta en forma triunfante.

—¿Cartel de Personas Buscadas? —dijo el hombre—. Estoy aquí para la competencia de caza que se realizará mañana.

—Diga lo que quiera, pero yo sé que vi su foto hoy —insistió Berta.

—Bueno, estaba en el periódico —dijo el hombre—, con un artículo sobre la competencia.

—Sí, aquí está —dijo un anciano levantando el periódico—. Aquí mismo en la primera página.

Y lo cierto era que el hombre era una celebridad de la caza. Un equipo de un canal de televisión llegaría el día siguiente para seguirlo en la cacería. Con un poco de vergüenza admitió que estaba tan nervioso por la entrevista televisiva, que estaba tratando de practicar algunas frases que sonaran inteligentes. No se había dado cuenta de que hablaba en voz alta.

Berta se disculpó tanto que Enrique enseguida la perdonó por el trastorno ocasionado a su restaurante. No dejó pagar a las mujeres y las invitó a tomar un café con él la siguiente noche.

Al otro día por la mañana, el periódico publicó una foto de Berta apuntando una taza vacía de café al famoso cazador. La noticia de la trastada de Berta le trajo gente a su exhibidor de artesanías todo el fin de semana. Estuvieron muy ocupadas con la gente que quería comprar artículos de la mujer que sola aprehendió a un hombre que no era ni peligroso ni criminal. Las mujeres parloteaban sobre el valor de Berta y los hombres coqueteaban. Enrique les mandaba café recién colado cada dos horas, junto con los mejores almuerzos de cafetería que comieran jamás.

Cuando terminó la exhibición, Berta casi no tenía mercancía que guardar. Aun así, eso no impidió que los hombres hicieran fila para ayudar a Berta a cargar su furgoneta.

Por último, Isabel se sentó detrás del volante para el primer turno de conducir. La radio estaba en la estación de las canciones antiguas y dos tazas enormes del café de Enrique estaban en los portavasos. «Entonces, ¿hay algunos otros ciudadanos inocentes en esta ciudad que quieres molestar antes de irnos?», le preguntó Isabel. «Esta es tu última oportunidad».

Berta sonrió. «No, vamos a casa a molestar a los que conozco», le respondió ella. Sus ojos brillaban con el mismo entusiasmo de siempre. «Aunque al menos tuvimos un fin de semana de buenas ventas... de una forma u otra».

Las dos mujeres rieron, levantaron sus tazas de café en un brindis y se pusieron camino a casa.

El regalo del tiempo

*E*ncomienda tu camino a mí y obsérvame hacer que tu vida brille para otros. Yo soy bueno y mi amor por ti siempre va a ser firme. Mi fidelidad es por todas las generaciones. Te voy a enseñar a aprovechar tu limitado tiempo con sabiduría. Ven a mí cuando estés cansado y frustrado, y yo te daré un descanso que te satisfará.

Esperándote,

Tu Padre eterno

tomado de Salmos 37:5-6; 100:5; 90:12; Mateo 11:28

Si el tiempo es lo más valioso que tenemos, tú debes ser un millonario de tiempo porque has aprendido a usarlo con sabiduría.

Mucha gente vive apurada, usando todo el tiempo en las ocupaciones diarias y en los negocios. Se preocupan por ganar dinero, por avanzar en los negocios, por construir un futuro... aun si pierden el día de hoy.

Sin embargo, tú no eres como ellos. Has aprendido la sabiduría del gran rey que dijo: «Hay un tiempo para todo». Toma tiempo para pensar en ayer: para apreciar sus tesoros y aprender de sus lecciones.

Usas el tiempo para existir en el presente, para reír, amar y vivir tus días al máximo. Dedicas tiempo para disfrutar la vida y agradeces las bendiciones de cada día.

Y dedicas tiempo para el futuro, ya sea que esté lejos o tan cerca como mañana. Planeas con sabiduría, pero también das el paso que muchos no dan. Tomas tiempo para soñar y alimentar tus sueños. Aceptas la vida como es, pero también evalúas cómo podría ser. Sabes quién eres ahora y miras hacia la persona que será, la que quieres llegar a ser.

Usas tu tiempo en las personas. Miras a tu alrededor y observas a los demás; y luego tratas de alcanzarlos, ya sean viejas amistades o posibles amigos. Encuentras tiempo para sentarte y descansar y tomar una taza de café con ellos mientras disfrutas solo por estar vivo.

En un mundo de «hacer», has aprendido el secreto de «ser».

Tiempo

El regalo del tiempo

*Lo más precioso que un ser humano tiene
para dar es tiempo. Después de todo,
hay muy poco tiempo en una vida.*

■

Edith Schaeffer

Era su lugar especial para calmarse,

pensar y tomar su café expreso con

leche.

Tiempo para los expresos con leche y el amor

A Andrea le encantaba la habitación trasera de su cafetería favorita en el centro. Era un lugar angosto y con paredes de ladrillos a ambos lados, antiguos pisos de pizarra y techos altos con claraboyas. Unas pocas mesas pequeñas y algunos sillones cómodos completaban el lugar. La pared del fondo era una enorme ventana que daba a un callejón detrás de algunos restaurantes cuyas paredes estaban adornadas de hiedras y enredaderas de campanillas.

El lugar favorito para sentarse de Andrea era el sillón de atrás frente a la ventana o a una mesa pequeña que estaba cerca. Observaba a los pájaros que llegaban al callejón en busca de tesoros culinarios. Era su lugar especial para calmarse, pensar y tomar su café expreso con leche.

También era su lugar escogido para observar a Alejandro. Andrea asistió a la misma clase de composición que Alejandro el semestre pasado en la universidad. A ella le encantaba observar su apuesto perfil e imaginarse lo que sería pasar sus dedos por el cabello oscuro y ondulado del joven. Era lamentable, pero nunca encontró una oportunidad para charlar con él en clase y sus senderos no se cruzaban en el campo de la universidad. Así que lo que le quedaba era observarlo desde lejos.

Cuando Andrea encontró la cafetería a unas pocas cuadras de la universidad, se sintió muy contenta al descubrir que ese era uno de los lugares favoritos que frecuentaba Alejandro. Él se sentaba frente a ella, al otro lado de la habitación, tomando su café, sin saber que ella existía. Si solo lograra que la notara. De vez en cuando él miraba en la dirección donde estaba ella y hasta la había saludado con una inclinación de cabeza un par de veces. Con todo, mientras que ella había respondido a su inclinación de cabeza con una amplia y amistosa sonrisa, él nunca tomó tiempo para hablar con ella.

Andrea le lanzaba miradas furtivas y trataba de pensar en algunas formas en que lo podría hacer entrar en una conversación. Sabía que si podían pasar un poco de tiempo juntos, lo demás sería historia... una historia gloriosa y romántica. ¿Pero cómo lograr pasar juntos ese tiempo?

Entonces descubrió la mina de oro.

De trozos de conversaciones que alcanzó a oír, Andrea sabía que a Alejandro le gustaban mucho los expresos con leche; es más, él les hablaba mucho de eso a sus amigos. Y ella también lo vio muchas veces leyendo la parte de los deportes del periódico local. El periódico tenía una sección titulada: «Lo que se escuchó: Noticias y puntos de vista», en la cual los lectores expresaban ideas. Andrea decidió escribir un artículo sobre cómo preparar un buen expreso con leche. Alejandro lo leería y pasarían horas hablando sobre la perfecta taza de expreso con leche, y se enamorarían.

Andrea encontró enseguida consejos para hacer un expreso con leche sensacional. Visitó la Internet y también les formuló preguntas a los que trabajaban en la cafetería. Además, algunas compañías que vendían equipos para hacer café daban buena sugerencias. Muy pronto llevó sus «Quince sugerencias para hacer una buena taza de expreso con leche» a la oficina del periódico.

A la semana siguiente Andrea estaba encantada cuando tomó el último número de la publicación y vio su artículo. *Deben haber necesitado muchas cosas esta semana*, pensó.

Y como siempre, Alejandro llegó y tomó un ejemplar del periódico. *¡Sí!*, pensó Andrea cuando lo vio concentrarse en la página que publicaba su artículo.

Cuando levantó la cabeza y buscó por el lugar, Andrea supo que la estaba mirando. Enseguida se concentró en su libro de estudio.

Alejandro caminó hacia donde estaba ella.

—¿No eres tú Andrea, la que escribió este artículo? —le preguntó—. Creo que tuvimos una clase juntos el trimestre pasado.

—Ah, sí —le respondió Andrea orgullosa de sí misma por responder con tanta calma cuando por dentro quería gritar. No podía creer que sus oraciones estuvieran siendo contestadas. Se preguntó si Alejandro la invitaría a cenar esta noche... o tal vez mañana por la noche.

—Quiero hablar contigo de esto —le dijo Alejandro sosteniendo el periódico en su mano izquierda y dándole un golpe con la derecha. Mientras se sentaba en la silla enfrente de la de ella, y se inclinaba hacia delante, Andrea soñaba en las tardes que pasarían en ese lugar, riendo con afecto y tomando los expresos con leche que los unieron.

—¿Sí? —le respondió Andrea con una sonrisa encantadora.

Pero de pronto se dio cuenta de que algo no marchaba bien.

—¿De dónde pensaste que podías robarme las ideas y ni siquiera darme crédito? —demandó él, toda la amabilidad desaparecía de su tono de voz.

—¿De qué hablas? —le preguntó Andrea sorprendida.

—Mis ideas —repitió Alejandro—. Mis opiniones sobre cómo preparar "El café expreso con leche", como lo llamas tú.

Andrea no podía creer lo que estaba sucediendo.

—¿Cómo es posible que te pueda haber rodado tus ideas? Tú ni siquiera has hablado conmigo antes.

—Mira, esto es demasiado similar a mi taza de expreso con leche para que no me hayas robado mis ideas —insistió él—. Sobre todo la parte de usar la marca de la casa para el expreso y una cucharadita de polvo de sabor moca, la que primero se debe disolver en la leche. ¿Cómo explicas detalles como esos?

—Yo... —comenzó a hablar Andrea, pero Alejandro estaba hablando como una locomotora y no la iba a dejar terminar su frase.

—La columna se llama "Lo que se escuchó". Me imagino que lograste escucharme hablar un día aquí y que tomaste nota de todo lo que dije —le dijo con brusquedad—. No puedo creer que una persona tenga tanta falta de ética.

—Mira —le dijo también Andrea con brusquedad, mientras comenzaba a sentir que le hervía la sangre—. Jamás te he escuchado describirle la taza perfecta de expreso con leche a nadie. Para tu información, yo investigué mi tema, como lo hace cualquier buen escritor. Hablé con la gente, busqué recetas e hice una investigación en la Internet. Incluso lo practiqué hasta poder hacer una *fabulosa* taza de expreso con leche. Si quieres mis fuentes de investigación, te las daré; pero tú no eres una de ellas. Nunca robaría nada de una persona, ni usaría nada sin dar crédito. Tú debes hacer esa clase de cosas o ni siquiera hubieras pensado en acusarme.

Andrea deseaba poder decirle lo que pensaba de él en ese momento. Aun así, la misma renuencia que le había impedido hablarle en la clase o en la cafetería, la mantuvo sin soltar la lengua. ¡De todos los odiosos presumidos! Ahí mismo terminó su visión de expresos con leche y amor.

Por un rato siguieron gruñéndose el uno al otro, ninguno de los dos quería rendirse.

—¡Hola, Andrea!

La voz penetró en sus pensamientos. Andrea levantó la vista y vio a Jorge, un muchacho que en varias ocasiones le insinuó su interés en salir con ella.

—Andrea, leí tu artículo en el periódico. ¡Qué buen trabajo hiciste! —le dijo Jorge.

—Gracias —contestó Andrea sonriéndole con dulzura, pero mirando con fijeza a Alejandro.

—Me habría gustado tenerlo en el periódico de la semana pasada —continuó Jorge—. Me hubiera ahorrado algún tiempo y problemas. Había invitado a una muchacha que le encantan los expresos con leche y estaba tratando de ver cómo hacer uno bueno en casa. Por último fui a la Internet... tú debes haber visitado los mismos sitios que yo. Hubiera deseado ser lo suficiente inteligente y escribir el artículo para el periódico. Bueno, no usé el café que sugerían. No lo pude encontrar.

—Tal vez me ganes la próxima vez —le dijo mientras Jorge se alejaba.

Alejandro tenía el ceño fruncido.

—¿Así que en realidad conseguiste esas sugerencias de la Internet? —le preguntó.

—Por supuesto que sí —le respondió Andrea.

—¿Alguien más mencionó la clase de café y del polvo de moca?

—Sí, lo hicieron —le dijo ella de plano.

Alejandro torció el periódico molesto. Andrea esperaba la segunda ronda de su diatriba, la parte en que trataría de disculparse diciendo que alguien lo debió haber escuchado y puesto la información en la Internet para que todos los tontos, incluyéndola a ella, le robaran su taza de expreso con leche perfecta. Abrió la boca y ella se preparó.

—Mira, creo que te debo pedir disculpas —le dijo titubeando un poco—. He estado estudiando los expresos con leche durante tanto tiempo que quizá obtuve mis ideas de otras personas, tal vez aun de la Internet.

—¿Así que tú eres la clase de persona que toma ideas de otra gente y no les da crédito? —le preguntó Andrea mordiéndose los labios para no sonreír.

—Bueno, nunca pensé en eso de esa forma —admitió Alejandro—. Además, tengo un par de otros trucos que no mencionaste en el periódico y estoy seguro de que son originales.

—¿Ah, sí? ¿Cuáles son? —preguntó Andrea picada por la curiosidad.

—¿Crees que te las diría? —dijo Alejandro con una sonrisa—. De ninguna manera. Robarías mis ideas y escribirías otro artículo.

»No —añadió—. Dejaré que pruebes uno de mis expresos con leche... pero me niego a decirte cómo lo hago.

—¿Ah? —dijo ella esbozando una traviesa sonrisa.

—Sí —eludió la respuesta—. Y si no te burlas de mí por vivir en casa con mis padres para ahorrar dinero... y si no tienes ningún plan inmediato, te escoltaría hasta mi casa para la taza de expreso con leche perfecta.

Con una cortesía afectada, Alejandro se puso de pie y le ofreció el brazo a Andrea.

—Bueno, creo que estoy libre por un rato —le dijo Andrea con un poco de coquetería—. Sobre todo si me presentas la oportunidad de investigar uno de mis temas favoritos.

Andrea no se molestó en mencionarle que su tema favorito no era la perfecta taza de expreso con leche, sino Alejandro. Después de todo, parecía que al fin pasarían suficiente tiempo juntos como para aprender los puntos de vista mutuos sobre los expresos con leche... y el amor.

El regalo
del
valor

*T*e fortalezco y aliento en toda palabra y hecho. Debido a que estoy de tu parte, tú puedes vencer todos los obstáculos. No lo olvides... todo es posible con mi ayuda. Me deleito en hacer mucho más de lo que puedes pedir o soñar. Continúa con la maravillosa tarea de alentar y edificar a otros cada día.

Ayudándote a vencer,

Tu Dios de eterno aliento

tomado de
2 Tesalonicenses 2:16-17;
Romanos 8:31;
Marcos 10:27;
Efesios 3:20;
1 Tesalonicenses 5:11

Tú eres sorprendente. Como la mayoría de la gente, has enfrentado tu parte de desafíos. La vida no siempre te ha sido fácil. Algunas veces crees que vas de una pendiente a otra, como una montaña rusa que no parece tener nada previsible en su construcción.

No obstante, sin importar lo profundo que sea el valle, ni lo difícil que sea escalar la siguiente montaña, nadie verá que te quejas. En su lugar, te levantas en lo emocional y enfrentas los nuevos problemas y tareas con valentía, entereza y una sorprendente fortaleza. Incluso descubres bendiciones en tus pruebas y les demuestras a otros cómo celebrar las cumbres cuando llegan.

No debería sorprenderte que otros dependan de tu fortaleza. Después de todo, el mundo está lleno de personas que se acobardan ante los traumas. Sin embargo, tú nunca huyes de tus responsabilidades. Enfrentas las dificultades con valor, inspirando a los demás a que busquen la valentía que tienen oculta en lo profundo de su ser. Como una taza de café fuerte, ayudas a otros a enfrentar lo que se les avecina.

Así que la próxima vez que sientas que enfrentas demasiados declives, recodos y vueltas en la vida, recuerda que lo puedes lograr. Puedes sobrevivir. Puedes tener éxito. Tu espíritu positivo y valiente va a triunfar.

Valor

El regalo del valor

Todos nuestros sueños serán realidad...
si tenemos el valor de perseguirlos.

Walt Disney

Fue el primer hombre que contrató
Carolina desde que su esposo, Ricardo,
la abandonara tres años antes.

El Café de las Estrellas

—Mamá, ¿por qué no sales con Jaime? —le preguntó Felicia, volviendo sus grandes ojos marrones a su madre.

—No me interesa salir con nadie —le respondió Carolina.

—Pero él es muy amable —insistió Felicia.

Carolina notó que la niña era un tanto adulta para sus siete años de edad. No obstante, quizá se debiera a que la madre de su mejor amiga salía mucho. Al parecer esa revelación ayudaba mucho a Felicia a aceptar mejor el divorcio, pero también significaba que la niña sabía bastante de la gente que «salía».

Mientras Carolina terminaba de hacer su orden de suministros, pensó en cuánto había cambiado su negocio desde que empleó a Jaime seis meses atrás. Fue el primer hombre que contrató Carolina desde que su esposo, Ricardo, la abandonara tres años antes.

Carolina siempre había tenido el corazón de un negociante. Enseguida se interesó en los negocios por Internet. Ricardo no tenía trabajo en ese entonces, siempre había tenido mucha dificultad en conservar un trabajo. Entonces Carolina lo convenció de que trabajara con ella y muy pronto tuvieron el dinero suficiente para comenzar el negocio de sus sueños: El Café de las Estrellas. Vendieron su negocio de la Internet antes que este cayera y abrieron el negocio de sus sueños en un excelente local cerca de la universidad.

Al principio Carolina se preguntaba si el café pesó demasiado para su matrimonio. Por un tiempo, ese resultó ser su chivo expiatorio. Sin embargo, al final se dio cuenta de que Ricardo nunca fue su tipo... simplemente pasó por alto las señales.

No tengo sabiduría en lo que a hombres respecta, concluyó Carolina. *Es mejor que me mantenga alejada de ellos.* Así que invirtió toda su energía en el negocio. Avanzaba con dificultades, llevando la ventaja de los acreedores, hasta que llegó Jaime. Durante el primer mes de su administración nocturna, el negocio dio más ganancias que nunca. Jaime no solo tenía la habilidad para disminuir los gastos, sino para traer y mantener a los clientes.

De alguna forma, hasta Carolina se sentía más inspirada por este hombre.

«Hola, Carolina», dijo Jaime cuando entró. «Hola, corazón», le dijo a Felicia dándole un abrazo rápido. Carolina se alisó el cabello. Aun si era más sabio mantenerse alejada de los hombres, no era inmune a un hombre apuesto. Y Felicia tenía razón, Jaime era una persona muy amable. Carolina era tan vulnerable a la simpatía como cualquier otra mujer.

Todavía faltaban dos horas para que comenzara el turno de Jaime, pero tenía la costumbre de llegar temprano. Carolina también sabía que trabajaba mucho después de cerrar, haciendo el papeleo con mucho cuidado, asegurándose de que el personal dejara todo bien limpio y hasta realizando pequeñas reparaciones. Jaime nunca alardeó de eso, pero Carolina esperaba que le pidiera aumento de sueldo.

—Mira, Carolina, acabo de recoger esto —le dijo al tiempo que le alcanzaba una taza desechable con la inscripción: "Sigue tu corazón hasta el Café de las Estrellas". Una servilleta que hacía juego decía: "El Café de las Estrellas... nuestro café le va a encantar".

»Un día le daba vueltas a estas cosas en mi cabeza y me preguntaba cuánto costaría tener tazas con nuestro nombre en ellas y un lema de promoción impreso —le explicó—. Así que decidí conseguir algunos estimados para presentártelos.

Le explicó los precios y las cantidades. Carolina tuvo que admitir que los precios eran buenos. (Al comprar cantidades grandes, aunque razonables, podían comprar las tazas y las servilletas personalizadas por solo un centavo más por unidad). Aunque las promociones y los lemas del café siempre fueron un poco al azar, Carolina sabía la importancia que tenían los logotipos y los lemas en las corporaciones.

—Más tarde —sugirió Jaime—, podríamos expandir el tema usando algunas decoraciones con una luz, un corazón al que lleva el viento o algo así. Si redecoramos el lugar, tal vez eso haga que escriban sobre nosotros, sin costo alguno, en los periódicos locales.

Carolina vacilaba, insegura de cómo responderle. Era obvio que Jaime había estudiado este asunto a fondo. Cuando lo contrató, se dio cuenta de que era un hombre que tenía muchas ideas, además de una experiencia sólida en los negocios y una pasión por la mercadotecnia. Parte de ella estaba encantada y quería alentarlo a perseguir esas maravillosas ideas.

No obstante, al mismo tiempo, su intenso interés preocupaba a Carolina. Si Jaime continuaba trayendo sus propias ideas y planes, ¿no parecería el Café más como si fuera suyo que de ella?

Una buena idea es una buena idea, no importa de quién venga, se recordó Carolina a sí misma. Y ella sabía que su punto fuerte estaba en llevar los libros y no en la promoción. Aun así, el que Jaime se involucrara tanto en el negocio la había estaba molestando por varias semanas. Le disgustaba ser desconfiada, pero no fue lo bastante suspicaz con Ricardo.

Mientras más ideas le presentaba Jaime, más ella se desvelaba por las noches, preguntándose hasta qué punto debía confiar en este hombre. ¿Era tan dulce, tan carismático e inteligente como parecía ser? *Sí*, le respondían sus instintos. Aunque después de Ricardo, ¿lograría volver a confiar en sus instintos?

Carolina se volvió a Jaime, que todavía hablaba de sus ideas.

—Podríamos pintar nuestro logotipo en las ventanas y usarlo como propaganda —le dijo—. Entonces, en las paredes detrás del mostrador, podríamos pintar el "Siga su corazón" con un tipo de letra que parezca escrito a mano. Y tendríamos el motivo del corazón en el techo y en los muebles.

»¿Qué me dices? ¿No te gusta? ¿Te parece esto posible? ¿Te gusta alguna de estas ideas?

—No, tú no entiendes —le dijo Carolina buscando las palabras—. Creo que tus ideas son maravillosas.

—Pero te parece que algo no está bien —le dijo—. ¿Qué es lo que te molesta?

Creo que es ahora o nunca, pensó Carolina, y aprovechó la oportunidad para averiguar lo que sucedía en realidad.

—Jaime, tú tienes algunas ideas fantásticas —le trató de explicar Carolina—. Pero esto va a requerir mucho tiempo y compromiso. ¿Qué pasaría si comenzamos con esto y a ti te ofrecen un trabajo mucho mejor? ¿O si decidieras comenzar tu propio negocio?

—Eso no va a suceder, Carolina —le dijo con una de sus cálidas sonrisas—. Estoy aquí para quedarme por mucho tiempo.

—He escuchado eso antes —murmuró Carolina. Al instante, deseó no haberlo dicho. Pero Jaime no dejó pasar la oportunidad, y Carolina se sorprendió de la forma en que siempre parecía leerle la mente.

—Sé que lo has escuchado —le dijo Jaime—. Carolina, supe desde el primer mes que trabajé aquí que tú eres especial. Tu ex esposo estaba loco cuando te dejó. Es sorprendente la forma en que has manejado todo desde que se fue Ricardo. Sin embargo, hay hombres que dejan plantadas a las mujeres, y hay hombres a los que les gusta estar comprometidos, que no les gusta otra cosa que comprometerse. Ya sea que te guste o no, no tengo planes de dejarte a ti ni a este negocio. Creo que hacemos un equipo fantástico. Entre los dos, puedo ver a este Café llegando a ser uno de los más importantes de Seattle, aun llegando a tener franquicias.

Carolina contuvo el aliento. ¡Cuántas veces ella misma había abrigado esos sueños! Aun así, el sentido práctico que había hecho de ella una gran mujer de negocios no la dejaba perder de vista la realidad ni los posibles problemas en cualquier esfera de su vida.

—Pero, Jaime, ¿por qué quieres en realidad invertir tanto tiempo en un lugar cuando yo ni siquiera sé si te puedo ofrecer ser mi socio?

—Carolina, no puedo ir a ningún otro lugar —le dijo Jaime inclinándose hacia delante y tocándole la mano.

Ella sintió como que le quemaba la carne. Y por dentro, sintió un rápido y cálido estremecimiento... de la misma forma que siempre sentía cuando la tocaba ligeramente al pasar o cuando por accidente chocaban en la pequeña oficina que estaba detrás del mostrador del café.

—¿No lo entiendes? Me tengo que quedar aquí. Contigo y con Felicia. No me podría ir si lo tratara de hacer. Sé que tú has pasado por mucho. Sé que Ricardo te dejó devastada. Pero yo no soy Ricardo. Todos los días le doy gracias a Dios de que vine aquí. Y tengo que seguir mi corazón... si puedo usar mi idea para el lema —terminó con una tímida sonrisa.

Él extendió su mano y le apartó un mechón de pelo que tenía en la frente. Carolina quiso alejarse. El sentimiento era demasiado conocido y le había producido dolor antes. Con todo, también quería arrojarse a los brazos de Jaime.

—Tengo que admitir que tengo una sociedad en mente —admitió él—. Pero no es solo una proposición de negocios.

Se inclinó hacia ella, pero se detuvo antes que sus labios se encontraran con los de ella... con una mirada de interrogación mientras le estudiaba el rostro. Carolina dio un profundo suspiro. *Esto está sucediendo con demasiada rapidez. A pesar de eso, creo que es lo debido. Sigue tus instintos,* le dijo algo... algo muy profundo dentro de sí, no una sensación de vértigo, sino algo fuerte y práctico, un valor que pensó que había perdido. *Sigue tu sueño. Sigue tu corazón.* Ella le sonrió a Jaime con una trémula sonrisa.

—¡Ah! —fue todo lo que pudo susurrar.

Era la única respuesta que necesitaba Jaime. Cuando sus labios se unieron a los suyos, sus notas y muestras cayeron al suelo. Con suavidad, la taza se detuvo de lado. *Sigue tu corazón al Café de las Estrellas.*